ALZIRINHA SOUZA

MARIA, MULHER EUCARÍSTICA E PRÁXIS SOCIAL

Coleção Escola de Maria

12

EDITORA
SANTUÁRIO

Direção editorial: Pe. Fábio Evaristo R. Silva, C.Ss.R.
Pe. José Luís Queimado, C.Ss.R.
Conselho editorial: Cláudio Anselmo Santos Silva, C.Ss.R.
Edvaldo Manoel Araújo, C.Ss.R.
Ferdinando Mancilio, C.Ss.R.
Gilberto Paiva, C.Ss.R.
Marco Lucas Tomaz, C.Ss.R.
Victor Hugo Lapenta, C.Ss.R.
Coordenação editorial e Revisão: Ana Lúcia de Castro Leite
Revisão: Sofia Machado
Diagramação: Mauricio Pereira
Capa: Núcleo de Criação do Santuário Nacional

Dados Internacionais de Catalogação na Publicação (CIP) de acordo com ISBD

S729m Souza, Alzirinha

Maria, mulher eucarística e práxis social / Alzirinha Souza. - Aparecida : Editora Santuário, 2021.
40 p. ; 14cm x 21cm.

ISBN: 978-65-5527-157-7

1. Religião. 2. Cristianismo. 3. Maria. 4. Eucaristia. 5. Práxis social. I. Título.

2021-4412 CDD 240
CDU 24

Elaborado por Vagner Rodolfo da Silva - CRB-8/9410

Índice para catálogo sistemático:
1. Religião : Cristianismo 240
2. Religião : Cristianismo 24

1ª impressão

Rua Pe. Claro Monteiro, 342 – 12570-000 – Aparecida-SP
Tel.: 12 3104-2000 – Televendas: 0800 - 0 16 00 04
www.editorasantuario.com.br
vendas@editorasantuario.com.br

INTRODUÇÃO

A reflexão aqui apresentada é resultado da Conferência "Maria, mulher eucarística e práxis social", apresentada no XIV Congresso Mariológico, em 20 de maio de 2021, em Aparecida. Nela pretendemos, sem esgotar o tema da relação entre Eucaristia e práxis social, oferecer os elementos principais para o aprofundamento da percepção de como Maria se colocou na dinâmica da ação, a partir da relação íntima com Jesus, eucaristia por natureza e sacramento.

E início com a afirmação de que é verdade teológica que a Eucaristia é o coração da comunidade Eclesial. Nela nos reunimos como COMUNIDADE de fé em torno à mesa Eucarística para o encontro pessoal e comunitário com o Cristo Ressuscitado, com aquele a quem nos afirmamos seguidores e queremos conformar nossa vida. Ora, essa verdade teológica não é uma verdade de mão única. Ela não se dá unicamente como centro da vida cristã, como se essa (a vida cristã) terminasse ou a tivesse como único fim, mas se dá sobretudo como impulso para a vida que se faz práxis cristã.

Bom seria se os dois sentidos, centralidade e impulso à praxis, não fossem dicotômicos e que se conjugassem a cada celebração, e que pudéssemos expressar que a centralidade de Cristo Eucarístico, que fazemos pela experiência do Encontro, confirmasse continuamente nossa prática cristã. Não são poucas as descrições dos encontros de personagens bíblicos com Deus, onde na sequência esses mudaram a rota de postura e passaram à outra prática desde o encontro. Desde o encontro dos magos do oriente com o menino nascido e que voltam por outro caminho (Mt 1,1-12) até o encontro do casal de Emaús com o Ressuscitado (Lc 24,13-35), depois do qual se sentiram impulsionados a voltar imediatamente na noite escura para Jerusalém. Quem encontra Jesus faz algo!

Nessa dinâmica se situa Maria. Compreendida como "a mulher eucarística", notadamente a partir de *Eclesia in Eucaristia*, de João Paulo II, uma vez que, pela ação da encarnação do Filho em seu ventre, inicia uma relação exclusiva com o mistério eucarístico, que vem sendo desvelado, seja pela experiência pessoal, seja pela teologia ao longo dos séculos, e nos possibilita estarmos aqui refletindo teologicamente sobre ele.

Por essa razão, creio que é salutar inicialmente voltarmos à compreensão do que é MISTÉRIO. Diferentemente de "enigma", que de antemão sabemos que, o que está escondido virá às claras e será revelado, o MISTÉRIO é infinito: aproximamo-nos dele desde o momento histórico em que nos encontramos (História: categoria importante para a teologia e ressignificada no Concílio Vaticano II) com nossas categorias humanas de compreensão limitada pelo tempo e espaço, de forma que cada geração pode desvelar um elemento que nos auxilie na compreensão e no aprofundamento da experiência de Deus.

Por analogia, podemos pensar o mistério de Deus como uma obra de arte que apreciamos em um museu: se nos aproximamos muito, a imagem distorce a tal ponto que vemos borrões de tinta e perdemos a nitidez dela. O ponto de equilíbrio então é dado, justamente, pela categoria da HISTÓRIA, que nos permite avançar na compreensão e na experiência de Deus a partir dos limites do momento em que estamos situados. É justamente esse elemento que garante o avanço do pensamento e a aprofundização da experiência. Senão estaríamos nós aqui repetindo o passado.

Longe de ser esse seu papel, a Teologia de forma geral, e a Mariologia incluída, só é possível de ser pensada tomando em consideração o vínculo com a realidade presente. Poderíamos permitir nos perguntar: por que pensar a pessoa de Maria como alguém inacessível e fora de nossa realidade? Do que isso serviria ou diria em concreto ao cotidiano da vida de cristãos, para o lugar onde experienciam sua fé, desafiados pelas demandas do dia a dia?

É tomando em consideração a importância desses elementos que apresento a reflexão sobre nosso tema a partir da Teologia Prática (TPr), isto é, aquela área de Teologia que parte da Teologia Fundamental (a que nos ajuda a pensar os fundamentos teológicos, e aqui podemos neste caso específico situar a Marilogia), tomando em consideração a prática cristã.

Nesse sentido, esta reflexão versará sobre a pessoa de Maria, que não sendo ela mesma Mistério, a partir de sua eleição e assentimento a Deus, relaciona-se profundamente como o Mistério da Encarnação de Deus na história e que nos aponta para a prática dos cristãos de hoje.

1

MARIA NO MISTÉRIO DA IGREJA E DE CRISTO

1. A Bem-aventurada Virgem Maria Mãe de Deus no mistério de Cristo e da Igreja

Desde muito cedo Maria tornou-se "figura" de veneração na comunidade cristã, e o culto à Mãe de Deus cresceu sensivelmente através dos séculos. A história da Salvação, que tem a ver com a experiência humana, a experiência cristã de fé, traz em seu bojo ao longo dos séculos a significativa presença de Maria e seu sentido no plano da salvação. Com efeito, não existe fazer teológico sem a expressão mariana.

Nesse sentido, é significativo que a Constituição dogmática *Lumen Gentium* do Concílio Vaticano II[1] sobre a Igreja (LG) tenha um capítulo dedicado à Virgem Maria. Não é que antes se desconhecesse a relação entre Maria e a Igreja. Antes do Concílio, os Santos Padres já afirmavam que "Maria é tipo da Igreja" (Santo Ambrósio) e que a Igreja "é muito semelhante a Maria" (Santo Agostinho). Contudo, com a *Lumen Gentium*, pela primeira vez, um documento oficial da Igreja insere uma doutrina orgânica sobre Maria em um contexto eclesiológico.

Foi uma decisão muito contestada. De fato, por vários motivos, um grupo numeroso de Padres conciliares (também uma parte da própria Comissão teológica encarregada de preparar o documento) preferia um tratado sobre Maria distinto daquele sobre a Igreja (para não "minimizar", diziam, as prerrogativas especialíssimas de Maria). Mas o resultado final, de um capítulo sobre Maria, como parte integrante da Constituição sobre a Igreja, espelha o desejo da maioria dos Padres conciliares de apresentar um quadro orgânico e harmonioso da História da Salvação, no qual Maria se encontra plenamente inserida.

As relações entre Maria e a Igreja são, pois, muitas e profundas e Lumen Gentium as coloca em duas perspectivas: 1) como membro, modelo e Mãe (cf. LG 53) e 2) a considerando em relação ao Povo de Deus, de onde emergirá alguns elementos essenciais: a) sua dimensão profética e libertadora na História da Salvação; b) em relação ao Corpo Místico; c) sua função materna; d) ao conceito Igreja-Esposa; f) Maria é o tipo da Igreja e seu cumprimento; por fim, Maria como modelo da vida cristã de fé, esperança e caridade.

Nesse sentido, o Concílio Vaticano II dá uma orientação geral importante para a estruturação da Mariologia. Convoca a superar uma Mariologia isolada, na qual se fazem afirmações fora do contexto histórico-salvífico, e integrá-la no conjunto do dogma, mostrando claramente seu caráter cristocêntrico e eclesial. O interesse por um princípio fundamental na Mariologia é fruto da necessidade de um princípio básico que lhe dê unidade e clareza, iluminando sua ligação com todo o edifício da fé. Um princípio que não seja simplesmente metafísico.

2. Maria e Cristo: uma relação íntima

A maternidade divina constitui o núcleo da Mariologia, pois esse é o acontecimento central na vida de Maria, Mãe de Deus, sintetizando seu papel histórico-salvífico e a orientação de toda a sua vida. Maria é toda relativa a Cristo e, a partir de Cristo, relativa à Igreja (cf. LG 52-53): é Maria no mistério de Cristo e da Igreja.

Ora, se Jesus Cristo é o centro do cristianismo, Maria é central por ser a pessoa que no plano da salvação esteve mais próxima desse centro.

A expressão Virgem-Mãe constitui uma fórmula breve de fé: Virgem – a condição de um ventre imaculado para receber o Filho de Deus (gerado pela ação do Espírito Santo); Mãe – prova da humanidade de Cristo (no seio da Virgem Maria). Por isso Maria é tida pelos Santos Padres como o "centro da ortodoxia e a regra da fé verdadeira" (São Cirilo de Alexandria). O Concílio de Éfeso (431) definiu a maternidade divina como dogma de fé para a Igreja. Theotókos, Mãe de Deus, expressa a unidade pessoal de Jesus Cristo, enquadrando Maria na dimensão de toda a História da Salvação, apresentando-a como dom, missão, dignidade ao unir a Mãe verdadeira com o Filho redentor (cf. LG 53), desde a concepção virginal ao mistério pascal de Cristo[2].

3. Maria no contexto bíblico dos Evangelhos Sinóticos[3]

É essencial perceber como a pessoa de Maria vai sendo desvelada ao longo dos Evangelhos Sinóticos. Em se guardando toda a análise exegética realizada, podemos afirmar que o desvelar de sua pessoa implica igualmente o desvelar de sua ação. Como Maria deixa de ser, nos textos, um "agente passivo, observada", passando a "agente ativo, de ação".

O Evangelho de Marcos é tímido e não apresenta nada de peculiar sobre Maria. Fala DELA, mas não fala SOBRE ela. Sua presença se situa em três cenas, as quais ela não é o personagem principal.

1) Marcos 3,31-35: A mãe de Jesus e seus irmãos o procuravam e, ainda assim, Jesus mesmo pergunta: quem é minha mãe e quem são meus irmãos? Jesus, de certa forma, ressignifica o conceito familiar de clã, expandindo-o àqueles que fazem a vontade de Deus.

> Chegaram, então, seus irmãos e sua mãe; e, estando fora, mandaram-no chamar. E a multidão estava assentada ao redor dele, e disseram-lhe: Eis que tua mãe e teus irmãos te procuram, e estão lá fora. E ele lhes respondeu, dizendo: Quem é minha mãe e meus irmãos? E, olhando em redor para os que estavam assentados junto dele, disse: Eis aqui minha mãe e meus irmãos. Porquanto, qualquer que fizer a vontade de Deus, esse é meu irmão, e minha irmã, e minha mãe.

2) Marcos 6,1-16: Desconfiam da sabedoria de Jesus ao questionar quase que pejorativamente: Ele não é filho de Maria? E, ao que nos indica, ser Filho de Maria não era exatamente um mérito...

> E partindo dali, chegou à sua pátria, e seus discípulos o seguiram. E, chegando o sábado, começou a ensinar na sinagoga; e muitos, ouvindo-o, admiravam-se, dizendo: De onde lhe vêm estas coisas? E que sabedoria é esta que lhe foi dada? E como se fazem tais maravilhas por suas mãos? Não é este o carpinteiro, filho de Maria, e irmão de Tiago, e de José, e de Judas e de Simão? E não estão aqui conosco suas irmãs? E escandalizavam-se nele.

3) E, finalmente, Marcos 15,40: Mulheres que estavam aos pés da Cruz: Maria mãe de Tiago, Salomé e a outra Maria. Maria, mãe de Jesus, não estava aos pés da Cruz.

> E o centurião, que estava defronte dele, vendo que assim clamando expirara, disse: Verdadeiramente este homem era o Filho de Deus. E também ali estavam algumas mulheres, olhando de longe, entre as quais também Maria Madalena, e Maria, mãe de Tiago, o menor, e de José, e Salomé; as quais também o seguiam, e o serviam, quando estava na Galileia; e muitas outras, que tinham subido com ele a Jerusalém.

Claramente falando, se dependesse de Marcos, não existiria a Mariologia, uma vez que em sua leitura a referência familiar que Jesus remarca toca seus seguidores, sentido amplo, antes que sua família biológica, sentido estrito.

De seu lado, o Evangelista Mateus avança no desvelamento de Maria, apresentando pequenas mudanças em relação a Marcos, introduzindo elementos referentes à infância de Jesus. Dá um passo a mais na descoberta de Maria, contudo ainda guarda referências a José.

a) Inicialmente, trata da Concepção Virginal narrada na genealogia de Jesus, mas querendo remarcar a particularidade da Ação gratuita de Deus, na geração de seu Filho (Mt 1,1-17).

Diferente das situações "irregulares" do Antigo Testamento:

Tamar (Gn 38): provoca incesto para que Judá tenha descendentes;

Raab (Js 2): prostituta que esconde espiões hebreus;

Rute (Rt 3,1): casa-se com Boaz – garante a descendência;

Urias (2Sm 11,1): casado com Betasabeia (vítima de Davi), mãe de Salomão;

Até chegar a Maria (Mt 1,16) – Mãe de Jesus sem José (sem a interferência Humana).

Diz o texto : "Jacó gerou José, o esposo de Maria, da qual nasceu Jesus chamado Cristo".

b) Um segundo elemento tratado por Mateus é: União de Maria com seu Filho:

Mt 2,11: Os magos do oriente ao entrar na casa viram Maria e o menino e prostaram-se diante deles.

> E, entrando na casa, acharam o menino com Maria sua mãe e, prostrando-se, o adoraram; e abrindo seus tesouros, ofertaram-lhe dádivas: ouro, incenso e mirra.

Mt 2,13-15: Fuga para o Egito: ainda que tenha um protagonismo de José, eis que ele deveria "*Tomar o Menino e sua mãe*" (v. 13-14).

> E, tendo eles se retirado, eis que o anjo do Senhor apareceu a José num sonho, dizendo: Levanta-te, e toma o menino e sua mãe, e foge para o Egito, e demora-te lá até que eu te diga; porque Herodes há de procurar o menino para o matar.

c) Finalmente, na vida pública de Jesus, destaca-se no capítulo 2,46-50 a volta ao tema da família composta por aqueles que fazem a vontade de Deus; destaca-o primeiramente como o Filho do Carpinteiro e, na sequência, pergunta-se: E não se chama sua Maria? (ao passo que Marcos pergunta diretamente se "Não é esse o filho de Maria?):

> E aconteceu que Jesus, concluindo estas parábolas, se retirou dali. E, chegando à sua pátria, ensinava-os na sinagoga deles, de sorte que se maravilhavam, e diziam:

> De onde veio a este a sabedoria, e estas maravilhas? Não é este o filho do carpinteiro? E não se chama sua mãe Maria, e seus irmãos Tiago, e José, e Simão, e Judas? E não estão entre nós todas as suas irmãs? De onde lhe veio, pois, tudo isto? E escandalizavam-se nele. Jesus, porém, lhes disse: Não há profeta sem honra, a não ser na sua pátria e na sua casa. E não fez ali muitas maravilhas, por causa da incredulidade deles.

No conjunto, Mateus destaca a concepção diferenciada de Maria e a união entre Mãe e Filho, reforçando sua identidade de Mãe de Jesus.

Maria emerge como uma personagem importante na História da Salvação. Ela é mais que uma presença materna no clã familiar, como em Marcos, e tem uma relação privilegiada e mesmo exclusiva com Cristo. É "*cristocentrada*", é inteiramente *de* e *para* Cristo.

Finalmente, é o evangelista Lucas, o mais detalhado dos Evangelhos Sinóticos, que nos traz um elemento essencial para a compreensão da práxis cristã. Para ele, Maria é a discípula por excelência. Mais que mãe do Messias, que por si só já é enorme, é uma mulher livre, crente. Uma mulher de fé por natureza. Aquela que aceita consciente e responsavelmente a Deus e seus desígnios, dentro de sua tradição religiosa, que emerge como a Mãe do Senhor, precisamente por sua aceitação de fé que a leva a dar passos.

Em Lucas, Jesus forma seu grupo, acolhe a todos, oferece a possibilidade de SER Discípulo, isto é, ser "Seguidor de Jesus". Por intermédio da pessoa de Maria, Lucas ensina que o discípulo é aquele/a que: ESCUTA, GUARDA E FRUTIFICA. É dentro dessa perspectiva que compreendemos a leitura mariológica lucana.

Primeiro verbo: ESCUTAR

O significado de ouvir remete ao sentido da audição, é aquilo que o ouvido capta. Já o verbo escutar corresponde ao ato de ouvir com atenção. Ou seja, escutar é entender o que está sendo captado pela audição, mas além disso, compreender e processar a informação internamente.

Shemá Israel (em hebraico שמע ישראל; "Ouça/Escuta Israel") são as duas primeiras palavras da seção da Torá que constitui a profissão de fé central do monoteísmo judaico (Devarim / Deuteronômio 6,4-9), no qual se diz שְׁמַע יִשְׂרָאֵל יְהוָה אֱלֹהֵינוּ יְהוָה אֶחָד: (*Shemá Yisrael Ado-nai Elohênu Ado-nai Echad* – Ouve/Escuta Israel, ADO-NAI nosso Deus ADO-NAI é Um).

No relato da anunciação (Lc 1,26-38), Maria não somente "OUVE", mas "ESCUTA" Deus. Escutar é mais profundo que ouvir, uma vez que nos leva a abrir espaço em si para entrar na dinâmica da graça de Deus. Maria deu espaço a Deus em seu ser, e assumiu a ação conforme os planos dele. Quem escuta se torna DISPONÍVEL a DEUS.

E, no sexto mês, foi o anjo Gabriel enviado por Deus a uma cidade da Galileia, chamada Nazaré a uma virgem desposada com um homem, cujo nome era José, da casa de Davi; e o nome da virgem era Maria. E, entrando o anjo onde ela estava, disse: Alegra-te cheia de graça; o Senhor é contigo; bendita és tu entre as mulheres. Vendo-o ela, turbou-se (ficou intrigada) muito com aquelas palavras, e considerava que saudação seria esta. Disse-lhe, então, o anjo: Maria, não temas, porque achaste graça diante de Deus. E eis que em teu ventre conceberás e darás à luz um filho, e pôr-lhe-ás o nome de Jesus. Este será grande, e será chamado filho do Altíssimo; e o Senhor Deus lhe dará o trono de Davi, seu pai; e reinará eternamente na casa de Jacó, e o seu reino não terá fim. E disse Maria ao anjo: Como se fará isto, visto que não conheço homem algum? E, respondendo o anjo, disse-lhe: Descerá sobre ti o Espírito Santo, e a virtude do Altíssimo te cobrirá com a sua sombra; por isso também o Santo, que de ti há de nascer, será chamado Filho de Deus. E eis que também Isabel, tua prima, concebeu um filho em sua velhice; e é este o sexto mês para aquela que era chamada estéril; Porque para Deus nada é impossível. Disse então Maria: Eis aqui a serva do Senhor; cumpra-se em mim segundo a tua palavra. E o anjo ausentou-se dela.

Segundo verbo: GUARDAR

Maria é aquela que GUARDA em seu coração. Guardar é fazer memória, rezar, lembrar. Fazer memória ao mistério / conservar na lembrança. O discípulo que GUARDA é aquele que busca o sentido das situações existenciais a partir daquele que segue e ESCUTA.

Busca sentido para o evento. /Atualiza a tradição oral de Israel, tão própria da espiritualidade bíblica. Tradição Oral é fazer / memória em forma de oração e busca de equilíbrio entre a Oração e Ação.

Em dois momentos Lucas destaca claramente esse movimento. O primeiro momento em Lc 2,15-19:

> E aconteceu que, ausentando-se deles os anjos para o céu, disseram os pastores uns aos outros: Vamos, pois, até Belém, e vejamos isso que aconteceu, e que o Senhor nos fez saber. E foram apressadamente, e acharam Maria, e José, e o menino deitado na manjedoura. E vendo-o, divulgaram a palavra que acerca do menino lhes fora dita; E todos os que a ouviram se maravilharam do que os pastores lhes diziam. Mas Maria guardava todas estas coisas, conferindo-as em seu coração.

E o segundo momento, em Lc 2,26-51:

> E aconteceu que, passados três dias, o acharam no templo, assentado no meio dos doutores, ouvindo-os e interrogando-os. E todos os que o ouviam admiravam a sua inteligência e respostas. E quando o viram, maravilharam-se, ficavam extasiados com a sua inteligência e com suas respostas. Ao vê-lo, ficaram surpresos (Maria e José) e disse-lhe sua mãe: Filho, por que fizeste assim para conosco? Eis que teu pai e eu ansiosos te procurávamos. E ele lhes disse: Por que é que me procuráveis? Não sabeis que me convém tratar dos negócios de meu Pai? E eles não compreenderam as palavras que lhes dizia. E desceu com eles, e foi para Nazaré, e era-lhes sujeito. E sua mãe guardava no seu coração todas estas coisas.

Maria buscava sentido para essas coisas, não um sentido pessoal, mas um sentido que vem de sua Tradição Religiosa, da expectativa da chegada do messias.

Terceiro verbo: AGIR

Finalmente, para Lucas o discípulo é o que dá bons frutos: é o AGE, ATUA. Maria recebe a notícia de sua gravidez e imediatamente AGE, isto é, vai ao encontro de Isabel e partilha com ela esse evento. Maria é Bendita entre as mulheres, é destinatária da bênção, abençoada por Deus por excelência por portar em seu ventre o ungido de Deus. Enfim é discípula; aquela que escutou a Deus, fez memória (buscou sentido, guardou) e agiu (deu frutos como Testemunha), não guardou para si a alegria de Deus encarnado.

E esses elementos são de tal importância, que culmimam expressados no Hino do Magnificat (cf. Lc 1,39-56). Há um critério para ser discípula, para agir, e esse critério **é o expressado na confiança e na compreensão de Deus**.

> A **minha alma** engrandece o Senhor, (É DIZER a minha PESSOA, como um todo) (Basar, Nefesh, Ruah) e meu espírito se alegra em Deus, meu Salvador, porque ele olhou para a **humildade** de sua serva (Humildade: abertura a Deus Humilhação: do Povo eleito). Todas as gerações, de agora em diante, me chamarão feliz, porque o Poderoso fez para mim coisas grandiosas. O seu nome é santo, e sua misericórdia se estende de geração em geração **sobre aqueles que o temem** (Modelo de Nova Humanidade TODOS que acolhem/temem). Ele mostrou a força de seu braço: **dispersou os que têm planos orgulhosos no coração** (chama a uma ruptura de vida). **Derrubou os poderosos de seus tronos** (Profecia Mariana) **e exaltou os humildes. Encheu de bens os famintos** (RD que será anunciado por Jesus) **e mandou embora os ricos**

de mãos vazias. Acolheu Israel, seu servo, lembrando-se de sua misericórdia, conforme prometera a nossos pais, em favor de Abraão e de sua descendência, para sempre'. Maria ficou três meses com Isabel. Depois, voltou para sua casa.

Enfim, o Magnificat expressa e confirma que há uma convergência de movimento entre Maria e Deus. De um lado Maria, por meio de seu SIM livre, assente o comprometimento integral de sua pessoa (e não da dicotomia Alma e corpo), em sua humildade/abertura a Deus.

E isso foi possível pela descrição que é oferecida de Deus: é santo, misericordioso com aqueles que o acolhe, que leva a uma mudança substancial de ordem pessoal e social (quando mostra a força de seu braço e dispersas os soberbos), derruba do trono os poderosos e dá lugar aos humildes, que serão por ele alimentados, ao passo que os ricos ficarão de mãos vazias, traduzindo em última instância as categorias do Reino de Deus.

II

MARIA: MULHER EUCARÍSTICA NA ECCLESIA DE EUCHARISTIA (EE)

É notadamente na Encíclia *Ecclesia de Eucharistia*[4], publicada em 2003, que o então papa João Paulo II apresenta as questões mais preeminentes da centralidade eucarística eclesial e mariológica. Trazendo em mente os elementos apresentados até o momento, sobretudo o texto bíblico[5]: Vamos aos principais elementos que distribuo em sete pontos. Contudo, para dar melhor sentido a esta leitura, recomendamos que o leitor releia com atenção os pontos 2, 3 e 5:

1. Igreja e Eucaristia

A Encíclica apresenta e recorda que a Igreja vive da Eucaristia. Essa verdade não exprime apenas uma experiência de fé, mas contém, em síntese, o próprio núcleo do mistério da Igreja, onde está contido o próprio tesouro da Igreja. "A Igreja vive de Jesus eucarístico, por ele é nutrida, por ele é iluminada. A Eucaristia é mistério de fé e, ao mesmo tempo, 'mistério de luz'" (EE 6). É a síntese já formulada pelos Santos Padres no início do cristianismo, quando se dizia que a Eucaristia faz a Igreja e, por sua vez, a Igreja faz a Eucaristia.

2. Maria e Eucaristia

Maria está de tal maneira ligada ao mistério eucarístico que mereceu que o papa João Paulo II, nessa Encíclica, a chamasse "mulher eucarística" (cf. EE 53). Assim, devemos nos colocar na escola de Maria, a mulher eucarística, se quisermos redescobrir em toda a sua riqueza sua relação íntima entre a Igreja e a Eucaristia. Ela se apresenta como Mãe e modelo da Igreja, que nos pode guiar para o Santíssimo Sacramento, justamente porque tem uma profunda ligação com ele.

"Maria é mulher eucarística na totalidade de sua vida" (EE 53), mesmo para além de sua participação física no banquete eucarístico da última ceia de Jesus com os seus (como descrito em Mt 26,20.26-29 e paralelos), pois essa participação dá-se a partir de sua atitude interior, que marca toda a sua vida, mais que da participação ativa no momento da instituição do sacramento.

Segue a Encíclica (EE 53), por sua vez, "a Igreja, vendo em Maria seu modelo, é chamada a imitá-la também em sua relação com este mistério santíssimo" (idem). Maria praticou interiormente sua fé eucarística ainda antes de ser instituída a Eucaristia, quando ofereceu seu ventre virginal para a encarnação do Verbo de Deus, e daí o título de Arca da Aliança, que contém o Santo dos Santos.

3. Fiat de Maria e Amém Eucarístico

Na Encíclica expressa: "Existe uma profunda analogia entre o Fiat pronunciado por Maria, em resposta às palavras do Anjo, e o Amém que cada fiel pronuncia quando recebe o corpo do Senhor" (EE 55). A Maria foi-lhe pedido para acreditar na obra do Espírito Santo, e na Eucaristia é pedido aos fiéis para crerem que aquele mesmo Jesus, Filho de Deus e filho de Maria, torne-se presente nos sinais do pão e do vinho com todo o seu ser humano-divino. Santo Agostinho ressalta: "Para Maria, ter sido discípula de Cristo, foi mais do que ser mãe dele" (...).

Por isso também Maria é bem-aventurada, porque escutou a Palavra de Deus e a guardou; guardou mais na mente a Verdade do que no seio a carne. Cristo é Verdade, Cristo é carne: Cristo Verdade na mente de Maria. Vale mais o que se carrega na mente do que o que se carrega no ventre. O parentesco materno não teria ajudado em nada a Maria, se ela não tivesse carregado Cristo de modo mais feliz no coração do que na carne", como afirma a CNBB no livro *Com Maria rumo ao novo Milênio*, 92.[6]

4. Maria prelúdio da Eucaristia

Na saudação de Isabel, Maria ouve: "Feliz aquela que acreditou" (Lc 1,45). Maria antecipou também, no mistério da alegria da encarnação, a fé eucarística da Igreja. E, na visitação, quando leva em seu ventre o Verbo encarnado, de certo modo ela serve de "sacrário", o primeiro sacrário da história, para o Filho de Deus (cf. EE 55).

Maria é a mulher preparada, cheia de graça, imaculada antes de aceitar receber Cristo em seu ventre. Não se torna ela escopo de uma esmerada preparação para receber o Cristo, que nos vem por meio da Eucaristia? Uma preparação, por meio da confissão, de um bem-feito ato de consciência e arrependimento em uma atitude de conversão? E o olhar extasiado de Maria, quando contemplava o rosto do Menino Jesus, recém-nascido, e o estreitava em seus braços, não é porventura o modelo mais alto de amor em que se devem inspirar todas as nossas comunidades eucarísticas? (cf. EE 55).

5. Maria e a dimensão sacrificial da Missa

Ao longo de toda a sua existência, ao lado de Cristo, 1) desde a encarnação ao nascimento, 2) não encontrando lugar na hospedaria; 3) da profecia de Simeão, no templo, de uma espada de dor que traspassaria sua alma; 4) da fuga para o Egito até perder o menino em Jerusalém; 5) da vida pública e não apenas no Calvário, Maria viveu a dimensão sacrificial da Eucaristia.

Aos pés da cruz, viu e sentiu o drama do Filho crucificado. Preparando-se para o dia da morte, na cruz e no Calvário, Maria vive como que uma Eucaristia antecipada, a comunhão espiritual de desejo e oferta que se cumpre com a Paixão e no período pós-pascal, em sua participação na celebração eucarística presidida pelos Apóstolos como "memorial" da paixão (cf. EE 56). Aquele corpo entregue em sacrifício, e presente agora nas espécies sacramentais do pão e do vinho, faz ressoar em Maria aquele coração que ela carregou em seu ventre.

6. Maria e a Igreja eucarística

No relato da última ceia, Jesus expressa o desejo que se torna mandato: "Fazei isto em memória de mim" (Lc 22,19). Viver o memorial sacrificial da morte de Cristo em cada Eucaristia implica também receber continuamente este dom e renová-lo em sua memória. Significa levar, para cada fiel e cada comunidade, aquela que Cristo, de novo, nos dá como Mãe.

Significa, ao mesmo tempo, assumir o compromisso de nos conformarmos com Cristo, no dizer de Paulo, de adquirirmos a estatura de Cristo, entrando na escola de Maria e aceitando sua companhia de mulher, mãe e discípula (cf. EE 57).

Maria está sempre presente, com a Igreja e como Mãe da Igreja, em cada uma das celebrações eucarísticas é citada em primeiro lugar, no momento da Igreja que já está na glória. Entre todos os santos, a Virgem Maria resplandece como modelo de santidade e de espiritualidade eucarística. Na tradição viva da Igreja, seu nome é recordado com veneração em todas as anáforas da missa e com particular realce nas Igrejas orientais católicas.

Se Igreja e Eucaristia são uma realidade indivisível, Maria e Eucaristia o são igualmente. O cristão, ao comungar, assume com liberdade e responsabilidade o projeto de Deus revelado em Jesus Cristo como oferenda, oferta aos irmãos e às irmãs em uma atitude de serviço (de práxis, de ação cristã). Maria colocou-se como a serva do Senhor. Pela Eucaristia, a Igreja torna-se serva da missão, em sentido real e verdadeiro!

7. Maria no Magnificat e a Eucaristia como ação de graças (finalmente)

Pela Eucaristia, a Igreja une os louvores de todos os homens e todas as mulheres a Deus. Pode-se aprofundar essa verdade relendo o Magnificat em uma perspectiva eucarística, verdadeira ação de graças, de dizer ao Senhor "muito obrigado".

O cântico de Maria é louvor e ação de graças, quando exclama: "A minha alma glorifica o Senhor e o meu espírito exulta de alegria em Deus meu Salvador" (Lc 1,47). Maria trouxe em seu ventre Jesus; louva o Pai por este Jesus, o Filho de Deus, mas louva-o também em Jesus e com Jesus. É nisso precisamente que consiste a verdadeira "atitude eucarística". Aqui também está presente a tensão escatológica da Eucaristia, entre o já acontecido e o ainda não da consumação final; e, precisamente por isso, assim a Igreja reza: "Anunciamos, Senhor, a vossa morte e proclamamos a vossa ressurreição. Vinde, Senhor Jesus!"

Maria canta e proclama aquele novo céu e aquela nova terra, já profetizados pelos profetas, especialmente por Isaías, cuja antecipação, em certa medida, encontra-se na Eucaristia. Se o *Magnificat* exprime a espiritualidade de Maria, nada melhor do que essa espiritualidade poder ajudar a Igreja a viver o mistério eucarístico. Recebemos o dom da Eucaristia, dom de fé proclamado e dom a ser descoberto constantemente, para que a vida dos fiéis e da Igreja, à semelhança de Maria, seja toda ela Eucarística (cf. EE 58).

III

EUCARISTIA QUE LEVA NECESSARIAMENTE À PRÁXIS CRISTÃ

Guardemos essa lógica de unidade profunda entre Maria e seu Filho, que a levou a ser denominada "Mulher Eucarística", aquela que não guardou para si a magnitude do encontro com Deus, que possibilitou a Encarnação do Filho de Deus em seu ventre. Antes, escutou, guardou e agiu, e impulsionada por esse encontro partiu em direção à Região Montanhosa da Galileia para o encontro com seu semelhante (Isabel), confirmando na expressão do *Magnificat* as razões pelas quais cada um de nós pode igualmente partir e agir.

A novidade de Jesus (*Deus presente no mundo*), desde o ventre de Maria, é o que a impulsiona aos encontros. A Eucaristia (*Deus presente conosco*) deve igualmente nos impulsionar a uma nova forma de práxis.

Não existe cristão/ã parados no mundo. Inspirado em Irineu de Lyon, Comblin[7] (e J. Mooltman[8]) lê a ação/práxis humana como a ação de Deus na história nos dias atuais, por intermédio de nós. Cada um de nós age na História, a partir do encontro com Deus, tendo por parâmetro suas duas mãos: o Filho e o parâmetro de sua prática e o Espírito Santo, que nos impele a ir adiante. Ora, suportados por essas duas mãos, Filho e Espírito, seguimos nós, a partir do encontro Eucarístico, agindo na história, transformando-a e colaborando com a convergência entre o desejo de Deus e o desejo humano.

Tal como Maria, nós igualmente em unidade profunda de pessoa com Jesus Eucarístico, não nos permitimos a imobilidade. Antes, Eucaristia para nós é sinal de práxis, de ação transformadora, testemunho e anúncio. Entendamos melhor essa questão urgente e teológica a partir do Teólogo Bruno Forte, que trabalha Eucaristia e Trindade[9] e que joga boas luzes sobre a questão Eucaristia e práxis.

A Eucaristia, o social e a missão

Inicialmente, Bruno Forte se pergunta: "É possível, a partir da Eucaristia, motivar o sentido e as formas do empenho cristão e eclesial para a renovação da cultura, da sociedade e de cada pessoa, de que sentimos urgente necessidade?"[10]

Para Forte, não há como pensar teologia da eucaristia sem ter claro a diferença básica entre *memória* e *memorial*. Se *memória* é, tão somente, um movimento do espírito do presente para o passado como um exercício de dilatação da mente, *memorial* "é movimento que vai do passado ao presente, em virtude do qual o evento único, definitivo e irrepetível da salvação, no poder do Espírito de Deus, é tornado presente, contemporâneo à comunidade celebrante"[11].

Em linhas gerais, assim Forte vê a teologia da eucaristia em três pontos fundamentais:

a) "A eucaristia é, antes de tudo, a grande *ação de graças ao Pai*"[12]: ela insere a Igreja na esteira de todo o Israel, no grande movimento de louvor a Deus.

Essa atitude provoca na Igreja uma revolução, pois ela passa a ser voz dos que não a tem, "sem ter medo de denunciar a miopia de horizontes presunçosamente absolutos, fazendo-se a consciência crítica das situações humanas"[13]. Assim sendo, há uma fundição na consciência eclesial: a vocação contemplativa se une com a vocação política, e a Igreja passa a ser "a presença adoradora da história na glória e juntamente sinal profético, por isso inquieto e crítico, da esperança da glória no vivo da história"[14].

b) "*Memorial da Páscoa do Filho*, a eucaristia é o sacramento do sacrifício dele"[15]. E como sacrifício, a Igreja nascida, sustentada e enviada em comunhão com este corpo "deve apresentar-se aos homens como comunidade de serviço (...). Da eucaristia, memorial do Crucificado-Ressuscitado, nasce a missão da Igreja como missão sob a cruz, de se consumar na partilha e na oblação da vida"[16].

c) "A eucaristia é, finalmente, invocação do Espírito (epiclese)."[17] A terceira Pessoa é invocada para a santificação dos dons ofertados, gerando a transformação ontológica das espécies ali apresentadas. Dessa forma, alerta Forte: "Não é possível separar Cristo do Espírito, nem da eucaristia, nem da Igreja: o memorial da Páscoa é realizado pela força do Espírito"[18].

Essa abertura pneumatológica na Igreja tanto permite a conscientização missionária, quanto a esperança no futuro de Deus: "Essa natureza 'epiclética' da missão mostra-lhe ainda a índole escatológica: o Espírito que vem pelo Cristo do Pai impele a Igreja eucarística por Cristo para o Pai"[19]. A leitura trinitária da eucaristia, feita por Bruno Forte, lança luzes sobre outra perspectiva. Essa diz que "a celebração eucarística coloca os discípulos na mesma condição na qual se colocou Jesus na Última Ceia"[20].

Essa análise é construída sobre dois princípios: de um lado, pelo princípio da solidariedade, de outro, pelo da provisoriedade. Tais princípios fundam a consequência social da eucaristia.

Quanto à *SOLIDARIEDADE*, reflete nosso autor, "Jesus institui a Igreja: não por obra do acaso ele escolhe o banquete pascal como quadro para seu dom"[21]. À luz do imperativo "fazei isto em minha memória" (Lc 22,19 e 1Cor 11,24ss), a Igreja reproduz na história o memorial da nova aliança. Assim, o primeiro elemento que se deve destacar, em busca de uma consciente e decisiva renovação do tecido social, é o laço de solidariedade/fraternidade que é inaugurado por Jesus com seus amigos no entorno do banquete.

Nessa comunhão de destinos, a ética de Jesus é *comungada* por todos, perpassando aqui o mesmo princípio de liberdade que põe o homem diante de sua decisão existencial fundamental. Assim, este que comunga *com* o Senhor assume na história sua própria posição: é uma *solidariedade com o-outro* que gera, concretamente, *solidariedade-com-os-outros*.

Dessa forma, há um engajamento social que deve nascer do compromisso eucarístico. Na verdade, tal comprometimento já iniciado no batismo ganha força e sentido na renovação cotidiana do banquete comum. A autenticidade da decisão de sermos eucarísticos não comporta egocentrismo, egoísmo ou vantagens para si, antes, "do pão da vida compartilhado, em suma, brota uma cultura da solidariedade e da comunhão, que contesta toda lógica egoísta e educa para a primazia do bem comum"[22].

A solidariedade gera consequências para a Igreja, que se vê perante a cultura, a sociedade e diante do próprio homem – sempre em constante mutação. Tais implicações são, de um lado, a valorização dos variados ministérios e carismas suscitados pelo Espírito na própria Igreja[23] e, de outro lado, a missão *aos pés da cruz*[24].

A valorização dos diversos ministérios, carismas e diversas funções na Igreja põe em evidência a rede comum de evangelização que se distingue por essa articulação e por sua capilaridade e não por uma luta interna de poder.

O serviço ministerial das diversas vocações possibilita que a Igreja não só reencontre sua identidade, "mas também torna o serviço mais fecundo para a cultura e para a sociedade"[25]. De igual forma, ao adentrar nas malhas da história, sobretudo a partir de seu avesso, a Igreja "sabe que deve participar do mistério de seu sofrimento"[26].

Para a *PROVISORIEDADE*, Forte afirma que esse é o elemento que marca o contexto da última ceia e, consequentemente, a ação memorial da liturgia. Esse fato fica evidente por meio da tensão escatológica narrada nos evangelhos: ele anuncia que não mais beberá do fruto da videira enquanto não o tomar novamente, com os seus, no reino do Pai (cf. Mt 26,29; Mc 14,25) e, em obediência a isso, os próprios fiéis "anunciarão a morte do Senhor até a sua volta" (1Cor 11,26)[27]. Esse banquete, portanto, aparece como sendo provisório, não definitivo é antecipação de outro que está sendo preparado. Isso implica dizer que ele faz referência à Igreja em sua situação de "viver o 'penúltimo' tempo, a estação que está entre o 'já', realizado na Páscoa do

Cristo, e o 'ainda não', prometido para sua volta"[28].

A dinâmica temporal de provisoriedade abre outra tarefa para a missão da Igreja: ela é chamada a anunciar o advento divino que é "força subversiva do presente, consciência crítica da vicissitude humana"[29].

As leituras eucarísticas aqui propostas por Bruno Forte reforçam sempre o encontro entre "Advento" e "Êxodo", efetivado nos percalços da história. Deus continuamente vem em seu "Advento" e nos impulsiona a um Êxodo de si, enquanto não realizamos o Êxodo definitivo da História. Deus se lança para o homem que, diante de tantas propostas, tem a responsabilidade de corresponder ou não a seu chamado.

O grande dilema que se apresenta para pensarmos é justamente a questão de sentido: "no clima que sucede a derrubada dos sonhos ideológicos, tudo conspira para levar os homens a não ter mais esperança, a fugir da luta (...) para deixar-se levar pelo prazer momentâneo"[30]. Diante desse cenário, como apresentar um Deus que é comunhão de pessoas? Como apresentar a Trindade como o sentido perdido? Como resgatar no sentido Eucarístico a força de nossa prática solidária no provisório da História? E complemento eu: Como responder a isso, senão por nossa ação/testemunho?

CONCLUSÃO

Em conclusão, podemos afirmar que Maria, a "mulher eucarística", é aquela que soube exatamente dar e efetivar esse *"passo eucarístico"*, que cabe a todos nós. Ser "eucarístico" é dar passos, é *"agir eucaristicamente"*. Guardando tudo em seu coração, Maria viveu as experiências de solidariedade em sua provisoriedade, suportada pela Graça de Deus e impulsionada pela relação estreita com seu Filho.

Maria aprendeu e hoje nos ensina, dentro do que nos é próprio, a realizarmos uma *"práxis eucarística"* nos gestos da solidariedade no provisório da história, em que Jesus se faz presente. E é a partir dessa práxis eucarística que o MISTÉRIO de Deus, que não é enigma, vai sendo desvelado na história por meio de nosso testemunho pessoal.

Alzirinha Souza

Leiga, Dra. em Teologia pela Universidade Católica de Louvain, Bélgica. Mestre em Teologia pela Universidad San Dámaso, Madri e Bacharel em Teologia pela PUCSP. Professora e Pesquisadora do ITESP – Instituto de Teologia e Ensino Superior de São Paulo - e da Pontífica Universidade Católica de Minas Gerais - PUC Minas. Este texto foi escrito inicialmente para a Conferência apresentada em 20 de maio de 2021, no XIV Congresso Mariólogico, promovido pela Academia Marial de Aparecida.

NOTAS

[1] Concílio Vaticano II. Constituição Dogmática Lumen Gentium, sobre a Igreja. Disponível em: www.vatican.va. Acesso em 15/5/21.
[2] Kunarath, P.A. Bacheladenski, C. L. *Maria e o mistério de Cristo e da Eucaristia*. In: Porto Alegre, V. 35, nr. 150, dezembro 2005, p. 757.
[3] Murad. A. *Maria, toda de Deus e tão humana*. São Paulo, Paulinas, 2006. Para as referências Mariólogicas nos Evangelhos Sinóticos, seguimos notadamente o pensamento de A. Murad, na obra aqui citada.
[4] João Paulo II, Carta Encíclica Ecclesia de Eucharistia do Sumo Pontífice João Paulo II, publicada em 17 de abril de 2003. Disponível em: www.vatican.va. Acesso em 15/5/21.
[5] Kunarath, P.A. Bacheladenski, C. L. *Maria e o mistério de Cristo e da Eucaristia*. In: Rev Trim. Porto Alegre, V. 35, nr. 150, dezembro 2005, p. 757-774. A reflexão apresentada nessa segunda parte é baseada nesse texto.
[6] CNBB. *Com Maria, rumo ao Novo Milênio*. São Paulo: Paulinas, 1998, p. 92.
[7] Comblin, J. *O provisório e o definitivo*. São Paulo, Heder, 1967.
[8] Moltmann, J. *O Deus crucificado*. São Paulo, Editora Academia Cristã, 2011.
[9] Forte, B. *A Trindade como história*. Ensaio sobre o Deus cristão. Edições Paulinas: 2ª ed.: São Paulo, SP, 1987. Sobre a obra de Bruno Forte, recomendamos a leitura de: Silva, P. *O Advento de Deus e o Êxodo humano: a trindade na teologia da história de Bruno Forte*. Dissertação de Mestrado, 2020, Universidade Católica de Pernambuco – UNICAP.
[10] Bruno, F. *A transmissão da fé*. Col. Theologica. Trad. Silva Debetto. Edições Loyola: São Paulo-SP, 2018b, p. 113.
[11] Bruno, F. *A Trindade como história*. Ensaio sobre o Deus cristão. Edições Paulinas: 2ª ed.: São Paulo, SP, 1987, p. 193.
[12] Idem, p. 194.
[13] Idem, p. 197.
[14] Idem, p. 198.
[15] Idem, p. 194.
[16] Idem, p. 198.
[17] Idem, p. 196.

[18] Idem, p. 196.
[19] Idem, p. 199.
[20] Forte, B. *Exercícios espirituais no Vaticano*. Seguindo a Ti, Luz da Vida. Ed. Vozes: Petrópolis, RJ, 2005, p. 162.
[21] Forte, B. *Teologia da História*. Ensaio sobre a revelação, o início e a consumação. Ed.Paulus: São Paulo, SP, 2018, p. 114.
[22] Forte, B. *Teologia da História*. Ensaio sobre a revelação, o início e a consumação. Ed. Paulus: São Paulo, SP, 2018, p. 117.
[23] Idem, p. 117.
[24] Idem, p. 118.
[25] Idem, p. 118.
[26] Idem, p. 118.
[27] Idem, p. 118.
[28] Idem, p. 119.
[29] Idem, p. 119.
[30] Idem, p. 161.

REFERÊNCIAS BIBLIOGRÁFICAS

COMBLIN, J. *O provisório e o definitivo*. São Paulo, Heder, 1967.

CNBB. *Com Maria, rumo ao Novo Milênio*. São Paulo: Paulinas, 1998.

CONCÍLIO VATICANO II. Constituição Dogmática Lumen Gentium sobre a Igreja. Disponível em: www.vatican.va. Acesso em 15/05/21.

FORTE, B. *A Trindade como história*. Ensaio sobre o Deus cristão. Edições Paulinas: 2ª ed.: São Paulo, SP, 1987.

FORTE, B. *A transmissão da fé*. Col. Theologica. Trad. Silva Debetto. Edições Loyola: São Paulo, SP, 2018.

FORTE, B. *Exercícios espirituais no Vaticano*. Seguindo a Ti, Luz da Vida. Ed. Vozes: Petrópolis, RJ, 2005.

JOÃO PAULO II, Carta Encíclica Ecclesia de Eucharistia do Sumo Pontífice João Paulo II, publicada em 17 de abril de 2003. Disponível em: www.vatican.va. Acesso em 15/05/21.

MOLTMANN, J. *O Deus crucificado*. São Paulo, Editora Academia Cristã, 2011.

MURAD. A. *Maria, toda de Deus e tão humana*. São Paulo, Paulinas, 2006.

SILVA, P. *O Advento de Deus e o Êxodo humano: a trindade na teologia da história de Bruno Forte*. Unicap, 2020.

KUNARATH, P.A. BACHELADENSKI, C. L. *Maria e o mistério de Cristo e da Eucaristia*. In: Porto Alegre, V. 35, nr. 150, dezembro 2005, p. 757.

ÍNDICE

Este livro foi composto com as famílias tipográficas Lithograph, Lithos Pro e Segoe
e impresso em papel Offset 70g/m² pela **Gráfica Santuário.**